This book belongs to:

www.ingramcontent.com/pod-product-compliance
Lightning Source LLC
Chambersburg PA
CBHW051315220526
45468CB00004B/1351
* 9 7 8 1 7 9 8 5 6 9 3 4 4 *